Disney

Stitch

Bébé Stitch

Illustrations de Capucine Sivignon

hachette little HEROES

INTRODUCTION

Stitch te fait craquer ? Bébé Stitch va te faire fondre !

Dans ce livre de coloriage, tu vas découvrir une version attendrissante et joyeuse de Stitch, le célèbre personnage du chef-d'œuvre de Disney, *Lilo & Stitch*. Ici, il est encore tout petit, curieux et débordant d'énergie, prêt à découvrir le monde autour de lui.

Sur la plage, en train de dessiner, en scooter, avec ou sans Angel, ces 45 illustrations de notre alien préféré sont trop craquantes. Choisis bien tes couleurs pour donner vie à ces mini-scènes très mignonnes mettant le petit compagnon de Lilo en vedette.

Bon coloriage !

Yummy

Stitch

stitch
&
angel

SPACE ADVENTURE
SNACKS
GALACTIC GOODIES
SPACE ADVENTURE
SNACKS
SPACE ADVENTURE
SNACKS

Angel

ICE
CREAM

MiNi
MiNi
STITCH

Angel & Stitch

BUENO
MALO

STITCH

ANGEL

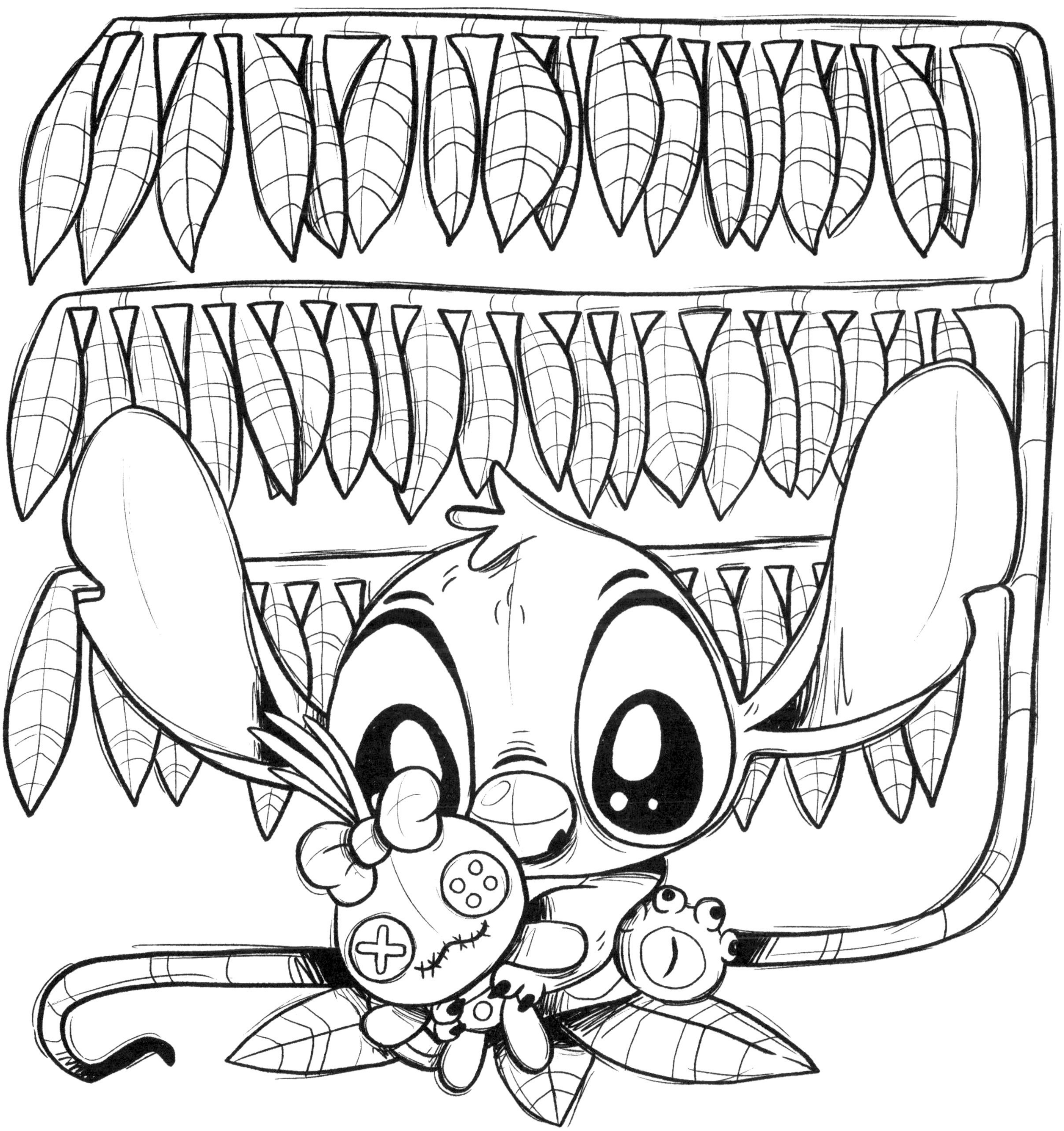

Stitch

Nous utilisons des papiers composés de fibres naturelles, renouvelables, recyclables et fabriqués à partir de bois issus de forêts adoptant un système d'aménagement durable. En outre, nous travaillons avec des fournisseurs de papier qui s'inscrivent dans une démarche de certification environnementale reconnue.

Direction : Catherine Saunier-Talec
Directeur de projet : Timothée Le Mière
Responsable de projet : Anne Vallet
Directrice artistique : Mélissande Mestas
Colorisation de couverture : Charlotte Mélin
Réalisation intérieure et couverture : Claire Rouyer
Fabrication : Amélie Latsch

Mail de contact : contact@hachetteheroes.com

Loi n°49-956 du 16 juillet 1949 sur les publications destinées à la jeunesse.

Dépôt légal : mai 2025
23-4719-6
ISBN : 978-2-01-728596-0/01
Imprimé en Espagne par Macrolibros

PAPIER CERTIFIÉ